„Eddi Schnabel" präsentiert:

Mein unglaubliches

Schnabeltier

Wissen

Coole Fakten für pfiffige Forscher

von Andra Wolter

Impressum:

Bibliografische Information der Deutschen Nationalbibliothek: Die Deutsche Nationalbibliothek verzeichnet diese Publikation in der Deutschen Nationalbibliografie; detaillierte bibliografische Daten sind im Internet über dnb.dnb.deabrufbar.
Die automatisierte Analyse des Werkes, um daraus Informationen insbesondere über Muster,Trends und Korrelationen gemäß §44b UrhG („Text und Data Mining") zu gewinnen, ist untersagt.
© 2025 Andra Wolter
Verlag: BoD · Books on Demand GmbH, Überseering 33, 22297 Hamburg, bod@bod.de
Druck: Libri Plureos GmbH, Friedensallee 273, 22763 Hamburg
ISBN: 978-3-8192-7770-2
Text und Illustration Andrea Walter
Kinderbuch.byandra@gmail.com
www.kinderbuch-byandra.de
1.Ausgabe, 2025

Inhaltsverzeichnis:

Hallo Tierforscher!
Ich bin Eddi Schna-
bel,
ein richtig cooles
Schnabeltier.

Du möchtest mich
gerne kennenlernen und alles über mich
und meine Familie erfahren?
Dann lass uns gemeinsam die wunderbare
Welt der Schnabeltiere entdecken!

Steckbrief;

**Hallo, Forscher! Hier kommt mein Steck-
brief:**

<u>Name:</u>

Eddie Schnabeltier (klingt wie ein Tier mit Schnabel, oder?)

Wissenschaftlich heiße ich Orni-
thorhynchus anatinus (das ist lateinisch) oder Entenschnabeltier.

<u>Aussehen</u>

Wir Schnabeltiere sehen wie eine Mi-
schung aus verschiedenen Tieren aus. Als 1798 europäische Naturforscher uns in

Australien entdeckten, dachten sie, jemand hätte einen Scherz gemacht.

Körper:

Wie ein kuscheliger Teddybär, aber mit glattem, wasserdichtem Fell

Schnabel:

Sieht aus wie ein Entenschnabel

Schwanz:

flach, wie ein Biberschwanz

Füße:

Mit Schwimmhäuten (auch wie bei einer Ente)

Größe:

Ich bin so groß wie ein kleiner Hund (ungefähr 50 cm lang)

Gewicht:

So schwer wie 10 große Tafeln Schokolade (etwa 1-2 kg)

Heimat:

Australien und Tasmanien

(das ist ganz weit weg- auf der anderen Seite der Welt)

Mein Lieblingsplatz:

Hauptsache Wasser (Flüsse und Seen)

Meine Lieblingsspeise:

Kleine Wassertiere wie Insekten, Krebse und Würmer - lecker!

Meine besonderen Fähigkeiten:

- Ich kann unter Wasser elektrische Signale spüren (wie ein Superheld!)
- Wir legen Eier, obwohl wir Säugetiere sind (verrückt, oder?)

Meine Freunde:

Alle anderen Schnabeltiere (wir mögen es gerne ruhig)

Meine Feinde:

Vor großen Raubfischen, Schlangen und manchmal auch Füchse muss ich weg-schwimmen (das kann ich aber gut)

SCHNABELTIER INFOS:

KÖRPER:

Wie ein kuscheliger Teddybär, aber mit glattem, wasserdichtem Fell

SCHNABEL:

Sieht aus wie ein Entenschnabel

SCHWANZ:

flach, wie ein Biberschwanz

FÜSSE:

Mit Schwimmhäuten (auch wie bei einer Ente)

GRÖSSE:

Ich bin so groß wie ein kleiner Hund (ungefähr 50 cm lang)

GEWICHT:

So schwer wie 10 große Tafeln Schokolade (etwa 1-2 kg)

HEIMAT:

Australien und Tasmanien

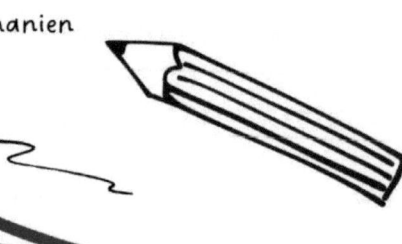

Lustige Fakten

- Unsere Babys heißen "Puggles" (klingt wie kuscheln!)
- Wir haben keine Milchzitzen – sondern säugen durch die Bauchdecke
- Wir Männchen haben einen giftigen Stachel am Hinterfuß (aber keine Sorge, ich bin trotzdem lieb)
- Von allen Säugetieren sind wir am wenigsten mit dem Menschen verwandt

Bin ich nicht ein tolles und einzigartiges Tier? Manche sagen, dass ich wie ein Puzzle aus verschiedenen Tieren aussehe!

Was denkst du? Welche Tiere stecken in mir?

Wie wir Schnabeltiere aussehen:

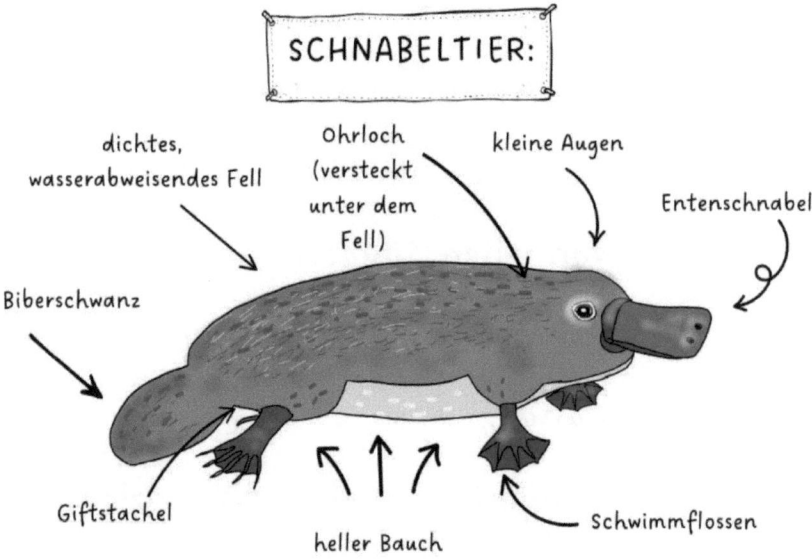

SCHNABELTIER:

dichtes, wasserabweisendes Fell

Ohrloch (versteckt unter dem Fell)

kleine Augen

Entenschnabel

Biberschwanz

Giftstachel

heller Bauch

Schwimmflossen

Schau genau hin – so sehe ich aus. Was erkennst du?

- Ich habe einen **Schnabel wie eine Ente**Das ist das Auffälligste an mir. Aber mein Schnabel ist weich und

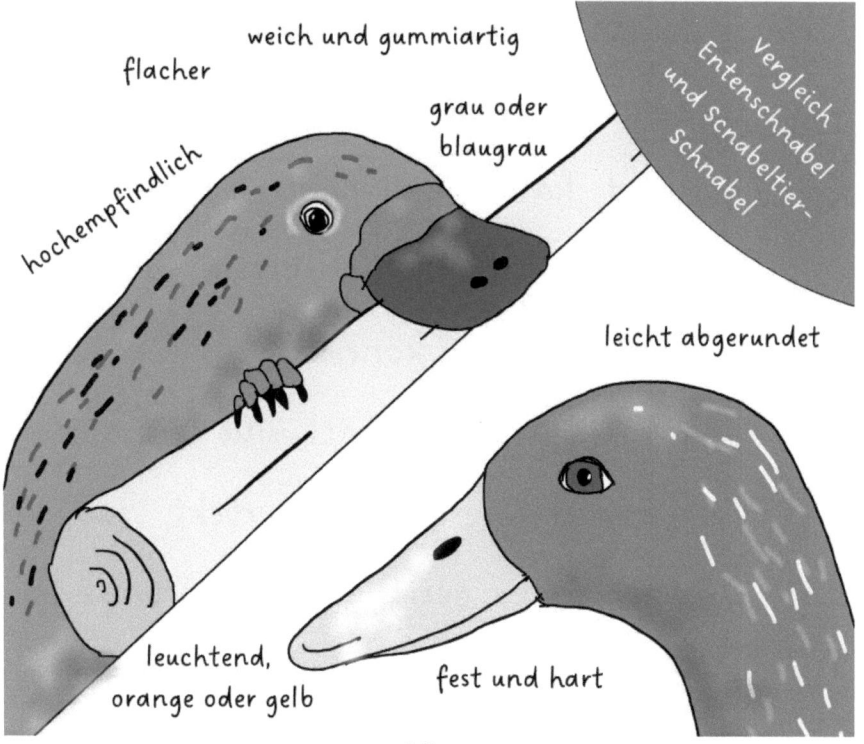

flacher

weich und gummiartig

hochempfindlich

grau oder blaugrau

Vergleich Entenschnabel und Schnabeltier-schnabel

leicht abgerundet

leuchtend, orange oder gelb

fest und hart

13

biegsam. Damit kann ich supergut nach Futter suchen und kleine elektrische Signale im Wasser auf-spüren

- **meine Füße** sehen aus wie Schwimm-flossen. Vorne haben sie Schwimm-häute zwischen den Zehen, die sich beim Schwimmen ausbreiten. An Land kann ich meine Schwimm-häute einrollen, um besser laufen und graben zu können.

- **Mein Körper** ist glatt und stromli-nienförmig. Er ist perfekt zum Schwimmen geeignet. Ich bin unge-fähr so groß wie eine kleine Katze.

Mein braunes Fell ist dicht und wasserabweisend. Am Bauch ist mein Fell
heller. Ich kann super schwimmen
und tauchen!
Wir Schnabeltiere sind die Superhelden des Wassers

- **Mein Schwanz** sieht aus wie der eines Bibers - er ist breit und flach. Er hilft mir beim Steuern im Wasser und dient auch als Fettspeicher.

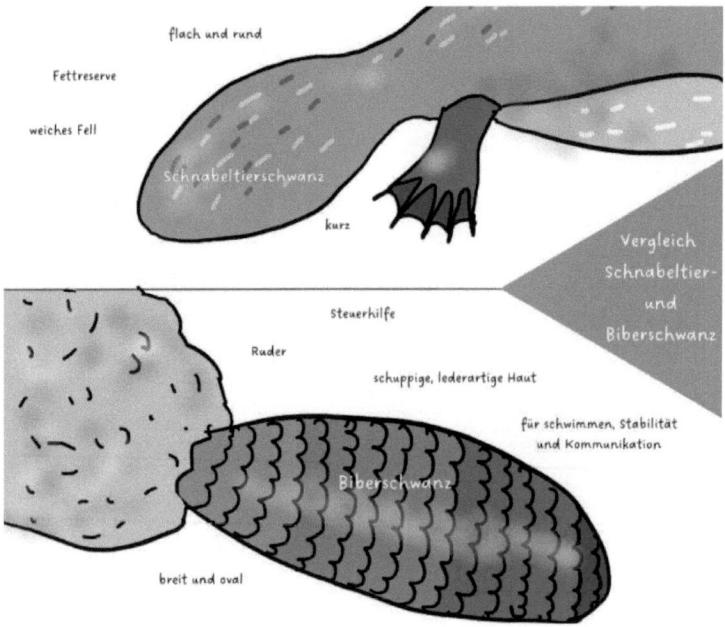

flach und rund

Fettreserve

weiches Fell

Schnabeltierschwanz

kurz

Vergleich Schnabeltier- und Biberschwanz

Steuerhilfe

Ruder

schuppige, lederartige Haut

für schwimmen, Stabilität und Kommunikation

Biberschwanz

breit und oval

- **Augen und Nase** können wir unter Wasser schließen.
- **Unsere Ohren** siehst du nicht. Sie sind unsichtbar. Aber wir haben kleine Löcher zum Hören.
- Wir männlichen Schnabeltiere haben einen **Giftstachel** an unseren Hinterfüßen. Dieser Giftstachel ist wie ein versteckter Zauberstab, den nur wir Jungs haben. Er ist unsere geheime Waffe. Aber keine Sorge, wir benutzen ihn nur im Notfall, wie ein **Superhelden-Schutzschild**. Damit können wir allen anderen sagen: "Hallo, lass mich in Ruhe!"

In der Paarungszeit kann es vorkommen, dass sich zwei Schnabeltier-Jungs um ein Mädchen streiten. Dann kämpfen sie mit ihren Giftstacheln wie zwei Ritter in einem Turnier. Damit zeigen sie, wie stark und mutig sie sind, ohne sich wirklich weh zu tun.

Wenn ein großes, gefährliches Tier einen von uns Schnabeltieren angreifen will, dann **ist der Giftstachel unser Notfall-Knopf.**

Mein Schnabeltier-Zuhause

Stell dir einen Ort vor, wo es viele Flüsse und Seen gibt. Dort, im Osten Australiens, wohne ich. Einige Verwandte leben auf der Insel Tasmanien, im Süden von Australien. Hier fühlen wir Schnabeltiere uns zu Hause. Wir lieben es, im kühlen Wasser zu planschen und an den Ufern zu spielen.

Es ist eine ganz besondere Wasserwelt, die es nur in Australien gibt:

- Ich mag es in Flüssen, Bächen, Seen und Teichen zu plantschen.
- Am liebsten mag ich sauberes Süßwasser. (Meerwasser ist mir viel zu salzig).
- Mir ist die Wassertemperatur egal – ich schwimme in warmen, tropischen Gewässern und auch in kalten Bergflüssen.

Wo genau in Australien wohnen wir?

Uns Schnabeltiere findest du nur im östlichen Teil von Australien:

- In Queensland, ganz im Norden

- In New South Wales

- In Victoria

- Auf der Insel Tasmanien

- Sogar auf der Känguru-Insel kannst
  du uns treffen

Schau dir einfach mal meine Karte an:

AUSTRALIEN

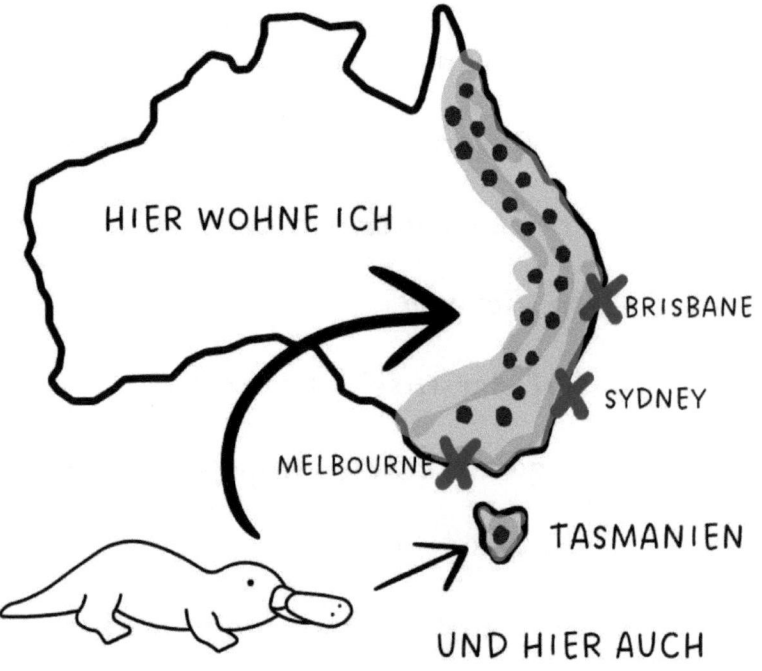

HIER WOHNE ICH

BRISBANE

SYDNEY

MELBOURNE

TASMANIEN

UND HIER AUCH

22

Ein gemütliches Zuhause

Wenn wir Schnabeltiere nicht im Wasser sind, ruhen wir uns in unseren selbstgegrabenen Höhlen aus:

- Manche Höhlen sind wie kleine Schlafzimmer für kurze Pausen.
- Andere sind größer, besonders für Mama-Schnabeltiere mit Babys.

Dabei fühlen wir Schnabeltiere uns am wohlsten, wenn es viele Pflanzen am Ufer gibt und das Wasser nicht zu schnell fließt. Wir mögen keine Hektik. So ein

ruhiger Ort ist ein perfektes Schnabel-

tier-Paradies!

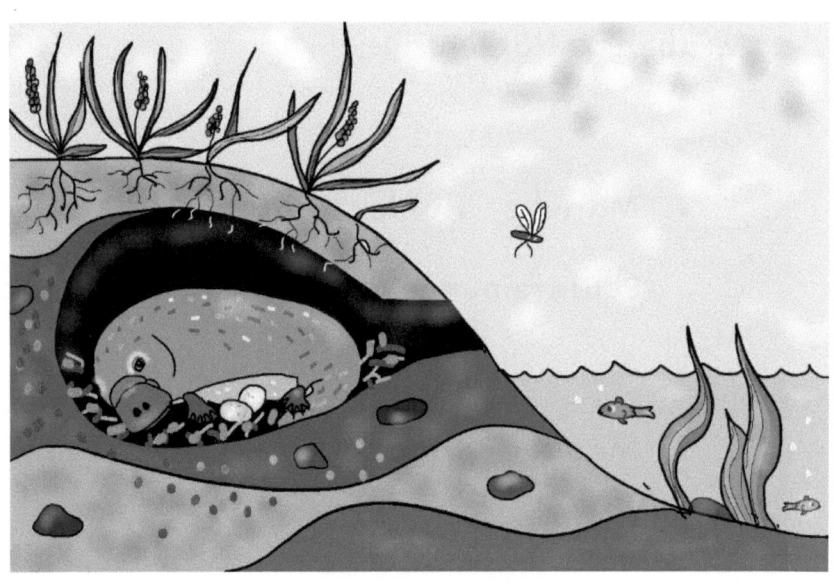

Was wir Schnabeltiere am liebsten fressen

Ich verrate dir ein Geheimnis - wir Schnabeltiere sind richtige Unterwasser-Detektive!

Mit unseren Schnäbeln suchen wir nach leckeren Snacks im Wasser:

- Kleine Insekten, die im Wasser leben
- Krebse, die am Boden krabbeln
- Schnecken, die langsam durchs Wasser gleiten

Mmmh, das schmeckt uns Schnabeltieren! Wir sind halt echte Unterwasser-Feinschmecker.

Unser Unterwasser-Menü

Ich muss erstmal ins Wasser tauchen, um mein Essen zu finden. Stellt dir vor, du bist auch ein Schnabeltier und tauchst in einen klaren Fluss. Was siehst du dann?

MENÜ

- Viele kleine Wassertierchen: Winzige Insekten, die im Wasser leben, sind ein Lieblingshappen.

- Winzige Krebse: Diese kleinen Krabbler am Gewässerboden schmecken mir besonders gut. Sie sehen aus wie kleine Unterwasser-Spinnen.

- Froschlarven: das sind kleine Kaulquappen, die wie Kommas aussehen. Für mich sind es richtige Süßigkeiten.

- Kleine Wasserkäfer: Sie schwimmen herum wie winzige U-Boote. Mmmh, so lecker!

- Lange Würmer: Sie schlängeln sich durch den Schlamm wie lebendige Spaghetti.

- Wasserschnecken: Sie kriechen langsam herum wie glitschige Murmeln.

- Kleine Fische: Sie blitzen silbern wie schwimmende Sterne im Wasser herum.

Das alles essen wir Schnabeltiere sehr gerne.

26

Jetzt erkläre ich dir ganz genau, wie wir Schnabeltiere unser Essen jagen:

Wie gesagt, wir sind clevere Unterwasser-Detektive:

- Zuerst tauchen wir unter Wasser. Dabei schließen wir unsere Augen und Ohren.

- Mit unseren weichen Schnäbeln fühlen wir dann nach unserer Beute.

- Jetzt kommt der Zauberschnabel zum Einsatz!
  Er kann sogar winzige elektrische Signale spüren, die unsere Beute aussendet.

Alle Lebewesen im Wasser senden winzige, unsichtbare elektrische Signale aus: Das kannst du dir so vorstellen, als wenn jeder kleine Krebs oder Wurm mit einer winzigen Taschenlampe leuchtet (die man nicht sehen kann). Mit unseren Schnäbeln können wir diese unsichtbaren "Lichter" spüren! So finde wir Schnabeltiere unser Essen auch im trüben Wasser!

Ein cooles Experiment für dich:

- Nimm einen aufgepusteten Luftballon und reib ihn an deinen Haaren hin und her.

- Jetzt halte ihn ganz nah an kleine Papierschnipsel, die du auf dem Tisch liegen hast.

- Was siehst du? Werden deine Schnipsel angezogen?
  So ähnlich fühle ich die elektrischen Signale unter Wasser!

Steinchen als Helfer

Wir Schnabeltiere haben noch einen lustigen Trick:

- Wir sammeln kleine Steinchen vom Gewässerboden.

- Diese stecken wir in unsere Backentaschen.

- Die Steine helfen uns, harte Teile unseres Essens zu zerkleinern (Wir haben nämlich keine Zähne). Diesen Trick machen nur wir Schnabeltiere.

Wie ich auf die Welt kam – Eddi Schnabeltier erzählt

Jetzt wird's spannend! Wir Schnabeltiere sind ganz besondere Säugetiere. Wir schlüpfen nämlich aus Eiern, wie Vögel und Schildkröten.

„Meine Mama hat für mich und meine Schwester zuerst ein **gemütliches Nest** gebaut. Dorthinein legte sie zwei weiche Eier. In einem Ei war ich!

Dann passte sie gut auf uns auf. Damit unsere Eier warm blieben, schob sie uns zwischen ihren eingerollten Schwanz und ihren Bauch.

Nach 10 Tagen bin ich aus meinem Ei geschlüpft. Ich war noch sehr klein und konnte nichts sehen.

Die Milch von meiner Mama habe ich gleich getrunken. Ich blieb mit meiner Schwester eine Zeit lang (3-4 Monate) im Bau, bis wir groß genug für die Welt waren."

So ist das bei allen Schnabeltieren:

- **Das Nest**

  Zuerst baut die Mama Schnabeltier ein kuscheliges Nest. Sie gräbt einen langen Gang in die Uferböschung eines Flusses oder Sees. Am Ende des Ganges macht sie einen gemütlichen Raum. Das ist ihr geheimes Kinderzimmer!

- **Die Eier**

  Jetzt kommt etwas Erstaunliches: Die Schnabeltier Mutter legt 1-3 weiche Eier! Sie sind weichschalig und etwa 16-18 Millimeter lang. Also ziemlich klein. Das Schnabeltiere

Eier legen ist sehr ungewöhnlich, denn sie sind Säugetiere, und die meisten Säugetiere legen keine Eier.

- **Das Ausbrüten**

Die Mama rollt sich um ihre Eier und hält sie schön warm. Sie passt gut auf sie auf und verlässt das Nest nur, um schnell etwas zu fressen. Nach etwa 10 Tagen sind die Babys bereit zum Schlüpfen.

- **Die Babys schlüpfen**

Wenn die Zeit gekommen ist, brechen die Babys mit einem Eizahn aus ihrer Schale. Sie sind noch ganz klein, blind und haben keine Haare.

Aber keine Sorge, sie wachsen schnell!

- **Milch trinken**

Obwohl Schnabeltiere Eier legen, bekommen die Babys trotzdem Milch.
Die Mama hat aber keine Zitzen wie eine Kuh, oder eine Ziege.
Sie "schwitzt" sie Milch aus besonderen Stellen auf ihrem Bauch.
Die Babys lecken die Milch von Mamas Fell.

So kommen wir Schnabeltiere auf die Welt - mit Eiern und Milch!
Ist das nicht erstaunlich?

Was wir Schnabeltiere für die Natur machen:

Wir Schnabeltiere sind ein richtiges Unterwasser-Putzteam:

- Wir schwimmen in Flüssen und Seen herum und suchen nach kleinen Wassertieren.

- Dabei essen wir viele kleine Krebse und Insekten.

- So helfen wir dabei, dass nicht zu viele von diesen kleinen Tieren im Wasser sind.

- Das macht das Wasser sauber und gesund für alle, die darin leben.

Gefahren für das Schnabeltier

Hallo, Naturschützer!

Lasst uns darüber sprechen, warum wir Schnabeltiere, manchmal in Gefahr sind.

Aktuell gibt es in Australien noch etwa 50.000 Schnabeltiere.

Leider nimmt unsere Anzahl aufgrund von Klimawandel, Lebensraumverlust und anderen Bedrohungen stetig ab.

Zu wenig Wasser:

Stellt euch vor, der Sommer wird immer heißer und länger:

- Die Flüsse und Bäche, in denen wir Schnabeltiere schwimmen, werden immer kleiner.
- So, als würde jemand langsam das Wasser aus deiner Badewanne ablassen.

Unser Zuhause verschwindet:

- Menschen bauen Häuser und Straßen, wo früher Bäume und Flüsse waren.

- Für uns Schnabeltiere ist das so, als wäre dein Lieblingsspielplatz plötzlich weg.

Schmutziges Wasser:

- Wenn Menschen Müll in die Natur werfen oder giftige Sachen ins Wasser kommen, wird es für uns Schnabeltiere gefährlich.
- Es ist, als würde jemand Farbe in dein Trinkwasser schütten.

Gefährliche Besucher:

- Manchmal kommen Tiere wie Füchse oder wilde Katzen in die Gegend, wo wir Schnabeltiere leben.
- Diese Tiere jagen uns, so wie eine Katze eine Maus jagt.

Fischernetz-Fallen:

- Fischer lassen manchmal Netze im Wasser, in denen wir Schnabeltiere uns verfangen können.
- Es ist, als würdest du in einem riesigen Spinnennetz stecken bleiben.

Feuer und Rauch:

- Große Waldbrände machen das Wasser schmutzig und zerstören die Ufer, wo Schnabeltiere leben.
- Stellt dir vor, dein Garten wäre plötzlich voller Asche.

Aber keine Sorge! Viele nette Menschen arbeiten hart daran, uns Schnabeltieren zu helfen und uns zu beschützen. Und du kannst auch helfen, indem du immer gut auf die Natur aufpasst!

Wie kannst du den Schnabeltieren helfen?

Hallo, kleine Naturschützer!

Lasst uns überlegen, wie du mit deinen Freunden uns Schnabeltieren helfen kannst.

Ein sicheres Zuhause:

- Wenn die Menschen die Flüsse, Seen und Wälder schützen, ist das wie ein großes, sicheres Haus für uns Schnabeltiere.

- In einem Naturschutzgebiet können wir in Ruhe leben.

Rettungsteams:

- Es gibt mutige Menschen in Australien, die unsere Superhelden sind. Sie retten uns Schnabeltiere, wenn Gefahr droht, zum Beispiel bei Waldbränden.
- Sie bringen uns an sichere Orte, spezielle Tierstationen.

Tierbabys großziehen:

- In manchen Zoos gibt es besondere "Kinderstuben" für Schnabeltiere.
- Hier helfen Tierpfleger, dass wieder mehr Babys geboren werden und gesund aufwachsen.

Müll wegräumen:

- Alle können helfen, indem niemand seinen Müll in der Natur liegen lässt.
- Das ist wie ein großes Aufräumspiel, bei dem alle mitmachen können.

Lerne und erzähle von uns:

- Je mehr Menschen über uns Schnabeltiere wissen, desto besser können sie uns helfen.

- Du kannst deinen Freunden von uns Schnabeltieren erzählen.
  Jeder kann ein Held für Schnabeltiere sein!

Unsere Geschichte – gab es Schnabeltiere auch schon früher?

Heute gibt es nur noch eine Schnabeltierart. In der Vergangenheit haben noch andere Arten gelebt.

Fossilien zeigen, dass es vor Millionen Jahren Schnabeltier-Verwandte gab, wie zum Beispiel den Obdurodon. Dieses ausgestorbene Schnabeltier hatten noch Zähne.

Wir Schnabeltier sind also die letzten Überlebenden einer alten Säugetiergruppe und einzigartig auf der Welt.

Du findest uns Schnabeltiere nur in Ost-Australien, Tasmanien und auf der nahe-gelegenen King Island.

urzeitliches Riesenschnabeltier

hatte Zähne

vor 5 bis 15 Millionen Jahren

vermutlich ca. 1m groß

doppelt so groß wie heute

Gibt es verwandte eierlegende Tierarten?

Nun möchtest du sicher wissen, ob es noch andere eierlegende Säugetiere wie uns Schnabeltiere gibt. Ja, tatsächlich, es gibt sogar 4! Alle leben in meiner Nähe. Es sind die Ameisenigel (lateinisch Echidnas).

Wir Schnabeltiere und die Ameisenigel sind wie Cousins in einer großen Tierfamilie. Naturforscher bezeichnen uns manchmal als lebende Fossilien. Das heißt sie lernen von uns, wie sich die Säugetiere entwickelt haben.

Zusammen mit den Ameisenigeln sind wir die einzigen noch lebenden Vertreter der Kloakentiere:

- Ein Schnabeltier (*Ornithorhynchus anatinus*)
- Vier Arten von Ameisenigeln
  - Kurzschnabel-Ameisenigel
  - Westliche Langschnabel-Ameisen-igel
  - Östliche Langschnabel-Ameisen-igel
  - Sir-David-Langschnabel-Amei-senigel

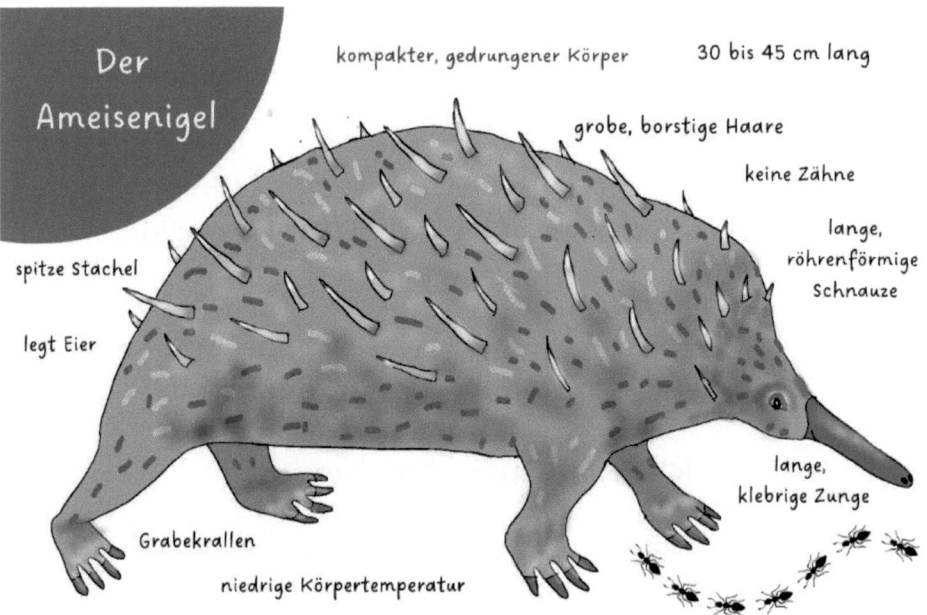

Der
Ameisenigel

kompakter, gedrungener Körper

30 bis 45 cm lang

grobe, borstige Haare

keine Zähne

lange, röhrenförmige Schnauze

spitze Stachel

legt Eier

lange, klebrige Zunge

Grabekrallen

niedrige Körpertemperatur

Lebensräume der Kloakentiere

Alle eierlegenden Säugetiere findet du nur in zwei Regionen auf der Welt:

- In Australien: Hier leben die Schnabeltiere und Kurzschnabel-Ameisenigel. Man kann sie in verschiedenen Lebensräumen antreffen - von Wüsten über Regenwälder bis hin zu alpinen Gebieten.
- In Neuguinea: Hier kommen alle vier Ameisenigel-Arten vor, sowohl in Küstengebieten als auch im Hochland vor.

Was wir gemeinsam haben:

- Wir legen beide Eier wie Vögel, sind aber trotzdem Säugetiere. Verrückt, oder?
- unsere Babys trinken Milch, genau wie Kätzchen oder Hundewelpen.
- Auch Ameisenigel haben eine Super-kraft: Sie können genau wie wir Schnabeltiere winzige elektrische Signale spüren!
- Beide leben nur in Australien und in der Nähe

Was uns unterscheidet:

- Wir Schnabeltiere lieben das Wasser und schwimmen wie kleine U-Boote in Flüssen und Seen.
- Ameisenigel wandern durch Wälder und Wiesen.
- Unsere Verwandten, die Ameisenigel leben an Land. Sie sehen aus wie stachelige Kugeln mit langen Nasen und haben keinen lustigen Entenschnabel wie wir Schnabeltiere.
- Ameisenigel haben eine lange Zunge, um ihre Lieblingsspeise. die Ameisen zu fangen.

Ist es nicht toll, dass es solche besonderen Tiere gibt? Wir sind wie lebendige Wunder der Natur! Insgesamt gibt es also noch fünf lebenden Arten von eierlegenden Säugetieren (sogenannten Monotremen).

Übrigens:

Wir Kloakentiere (Schnabeltier und Ameisenigel) sind am nächsten mit den Beuteltieren, z.B. dem Koalabären und dem Känguru, verwandt.
Alle Beuteltiere leben ebenfalls in Australien.

Australische Tiere

Flughund

Koala

Ameisenigel

Känguruh

Australien

Schnabeltier

Wombat

UNTERSCHIEDE ZWISCHEN SCHNABELTIER UND AMEISENIGEL

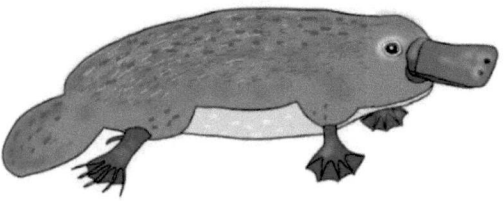

SCHNABELTIER

- lebt in Flüssen und Seen
- geschickter Schwimmer und Taucher
- Schnabel mit Elektrosensoren
- frisst kleine Wassertiere und Insekten
- männliche Tiere haben einen Giftstachel
- lebt in festen Höhlenbauten
- hat Schwimmhäute
- wasserabweisendes, weiches Fell

AMEISENIGEL

- lebt an Land in Wäldern und Buschland
- gräbt sich in den Boden
- lange klebrige Zunge
- frisst Ameisen und Termiten
- rollt sich bei Gefahr ein
- Stacheln zur Verteidigung
- Krallen zum Graben

Schnabeltier-ABC,

spannende Fakten und wissenswertes

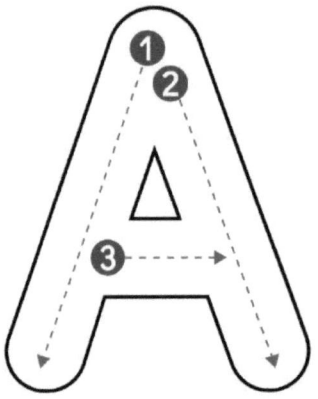

A – Australien

(hier leben wir

Schnabeltiere in

freier Wildbahn.)

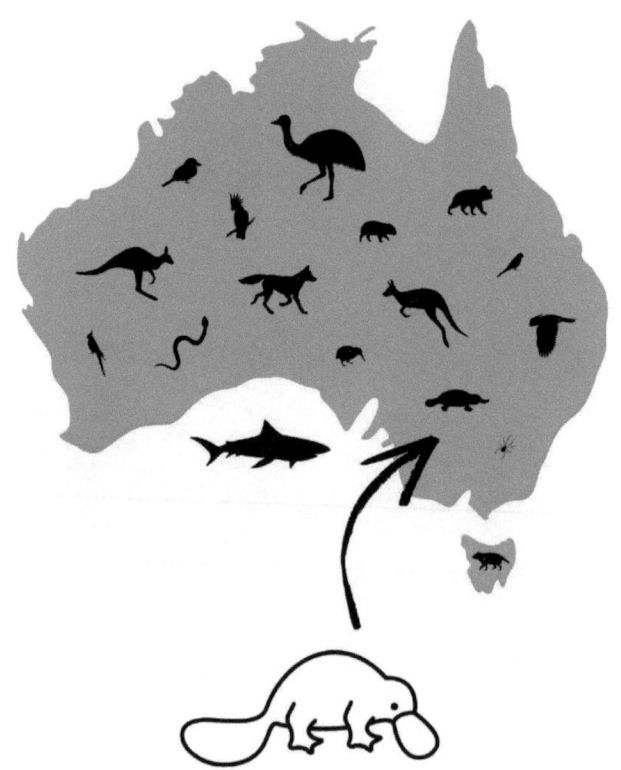

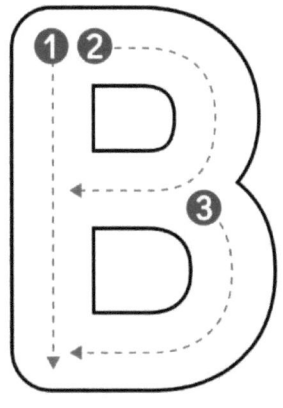

B – wie **Biberschwanz**

(Wir Schnabeltiere haben einen platten Schwanz wie ein Biber.)

Der Schwanz sieht aus wie ein Biberschwanz

59

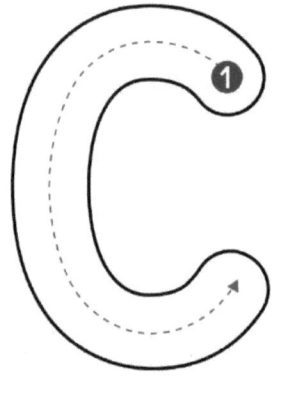

C – Curiosum

(Ein anderes Wort

für etwas Seltsames

– genau wie wir

Schnabeltiere!)

60

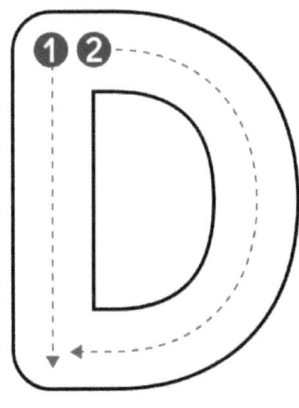

D – wie **Duck-Schna-bel** (Englisch für „En-ten- Schnabel", der uns so besonders macht.)

Ein Schnabel,
der aussieht wie bei einer Ente

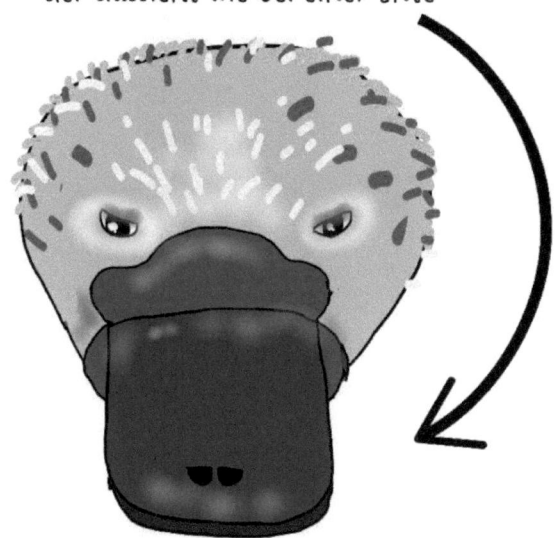

61

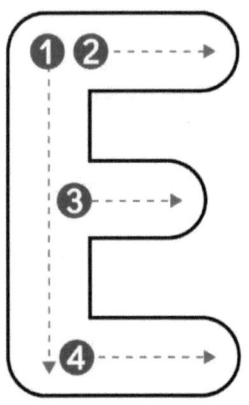

E – Eier

(Obwohl wir Säugetiere
sind, legen wir Eier!)

frisch
geschlüpft

mein Ei

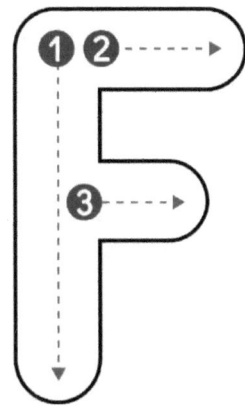

F – Fell

(mein dichtes, wasserab-

weisendes Fell schützt

mich im Wasser.)

guter Schwimmer

liebt Wasser

wasserdichtes
Fell

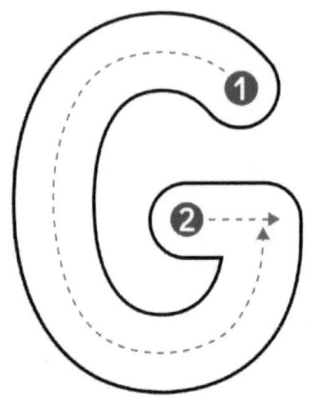

G – wie Giftsporn

(Männliche Schnabeltiere haben einen giftigen Sporn am Hinterbein.)

männliches Schnabeltier

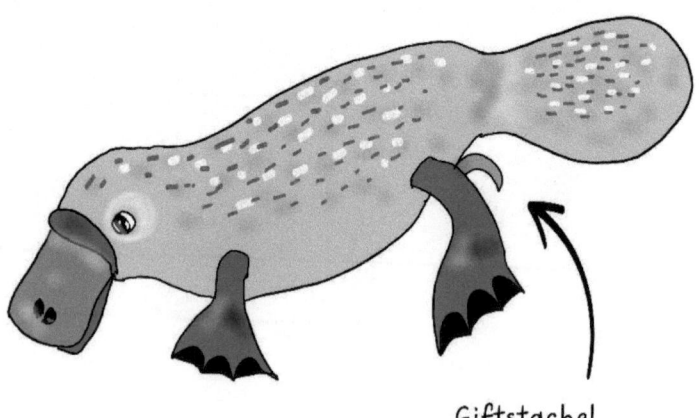

Giftstachel

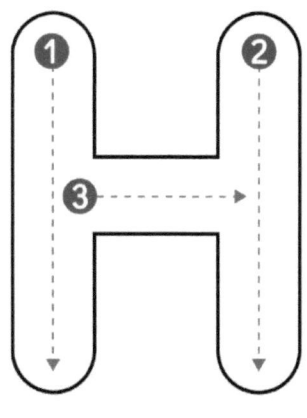

H – wie Höhle

(Wir Schnabeltiere bauen Höhlen an Fluss-ufern zum Schlafen und für un-sere Jungen.)

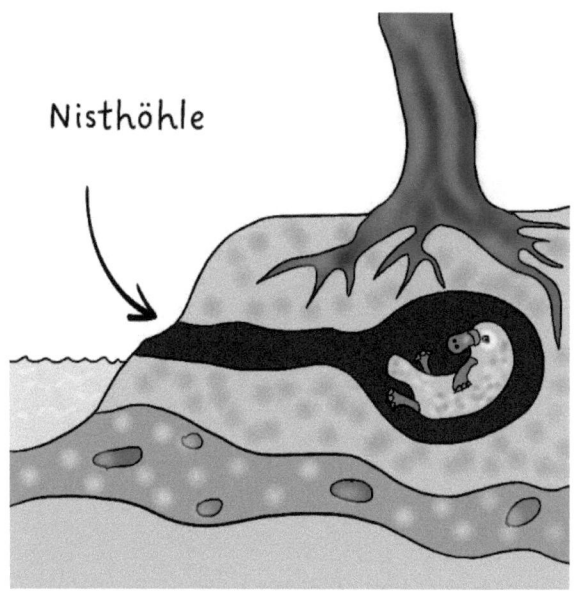

Nisthöhle

I – wie Inselwelt

(wo wir Schnabeltiere leben,

in Australien und Tasmanien,

umgeben von Flüssen und Ebe-

nen.)

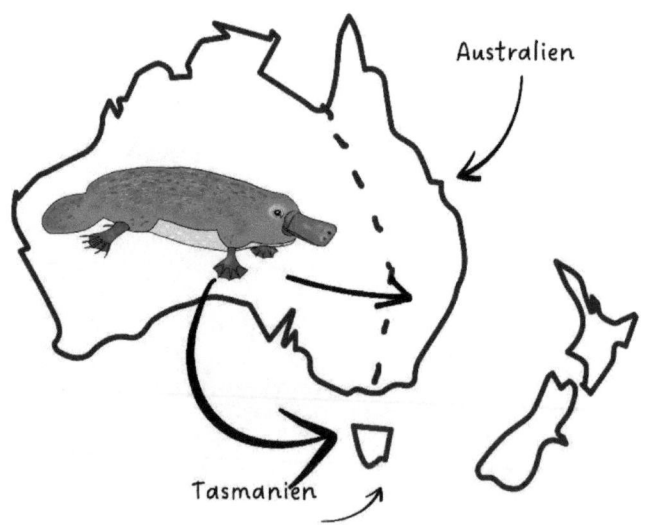

Australien

Tasmanien

66

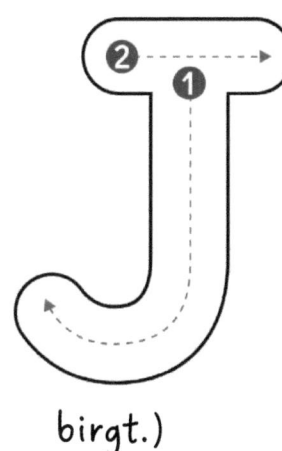

J – wie Jagd

(die ich liebe,

ich tauche nach Beute,

die sich im Wasser ver-

birgt.)

ein super Taucher!

wasserfestes Fell

Schwimmflossen

elektische Signale
aufspühren

Beute

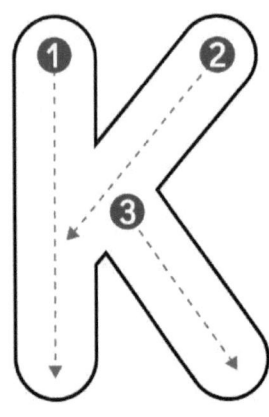

K - wie Krallen

(meine Krallen helfen
mir beim Graben - in
Erde und Schlamm.)

die Krallen helfen
die Schwimmhäute
zu stablisieren

scharfe Krallen
zum Graben

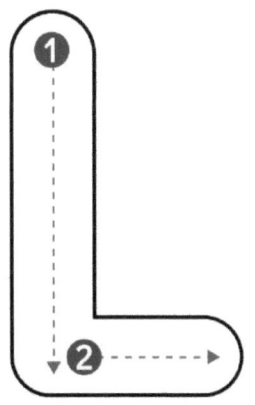

L – Leder -Schnabel

(Mein Schnabel fühlt sich weich an, fast wie aus Leder.)

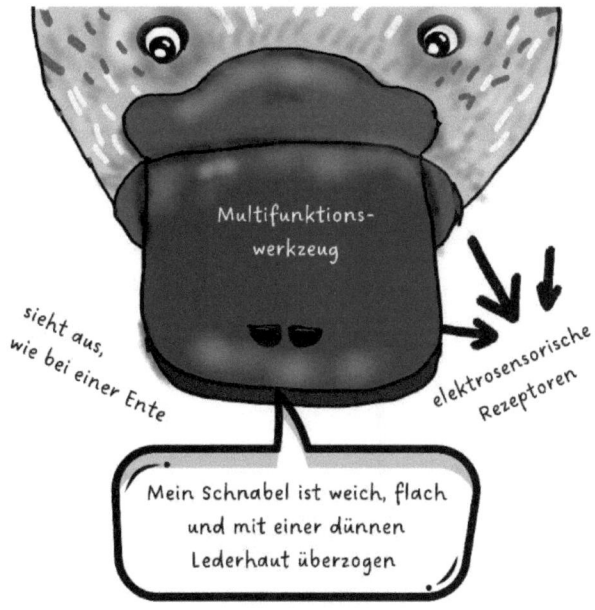

Multifunktions-werkzeug

sieht aus, wie bei einer Ente

elektrosensorische Rezeptoren

Mein Schnabel ist weich, flach und mit einer dünnen Lederhaut überzogen

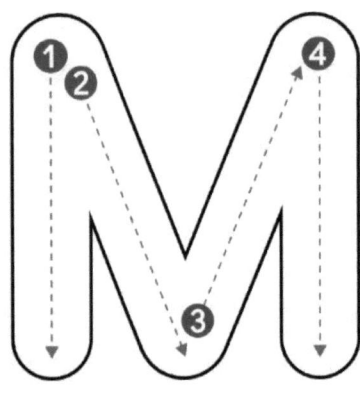

M – wie Milch

(Unsere Schnabeltier
- Mütter säugen un-
sere Jungen - ohne
Zitzen!**)**

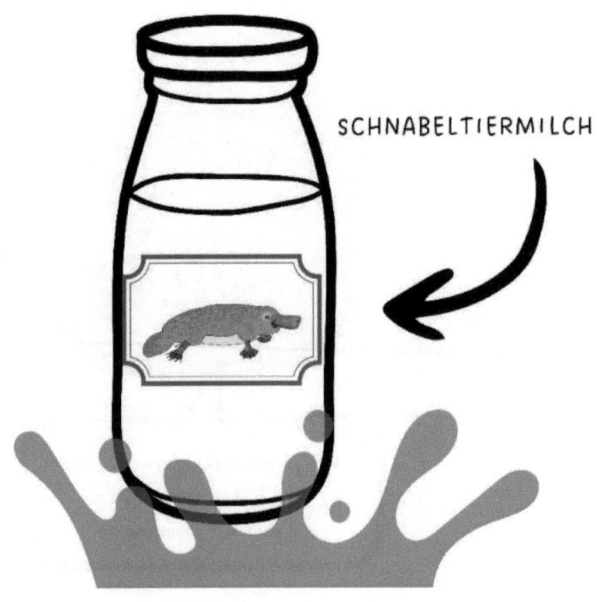

SCHNABELTIERMILCH

70

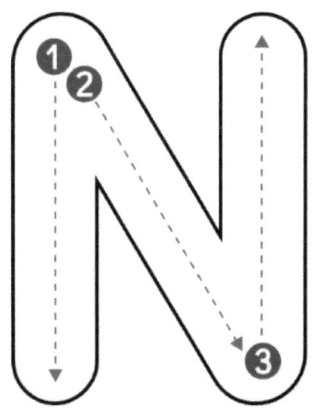

N – wie nachtaktiv

(wir Schnabeltiere

tauchen und jagen im

Wasser – ganz still in

der Nacht.)

Nachtaktiv

gute Tarnung

angenehme
Temperatur

spüre elektische
Signale auf

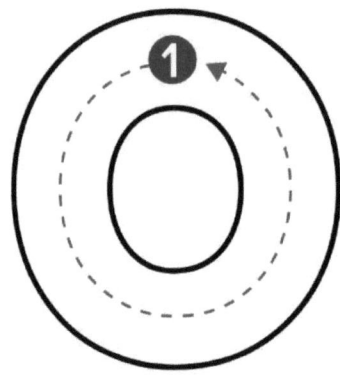

O - wie Orientie-
rung

(mein Schnabel

spürt elektrisch

fein,

Wo Beute könnt' im

Wasser sein.)

WIE EIN MAGNET SPÜRT MEIN
SCHNABEL ELEKTRISCHE SIGNALE AUF

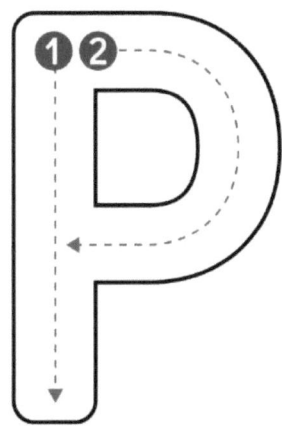

P - wie Paddelfüße

(Vorn und hinten

Schwimmhaut dran,

damit ich prima

paddeln kann.)

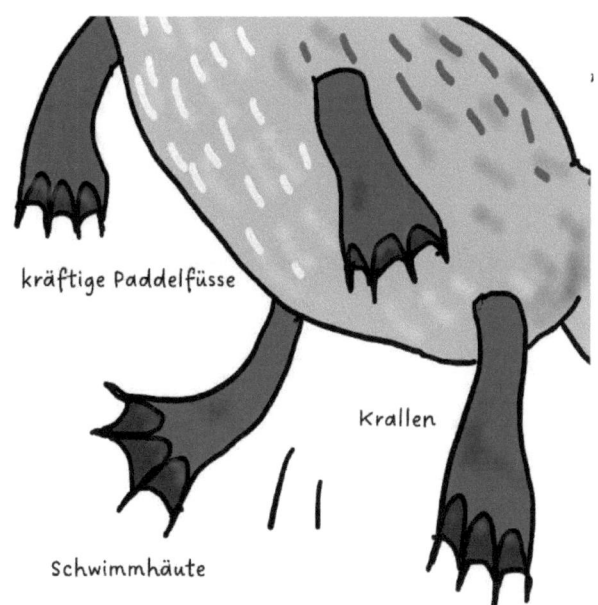

kräftige Paddelfüsse

Krallen

Schwimmhäute

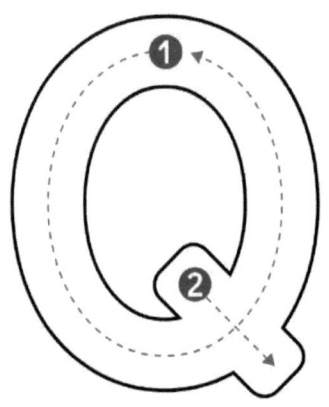

Q - wie Queensland

(In Queensland le-
ben wir Schnabel-
tiere.)

QUEENSLAND

AUSTRALIEN

74

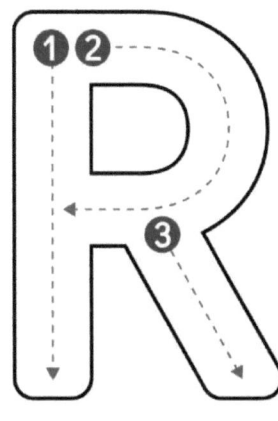

R – wie Raubtier

(Es frisst gerne kleine Wasserlebewesen wie Krebse und Würmer.)

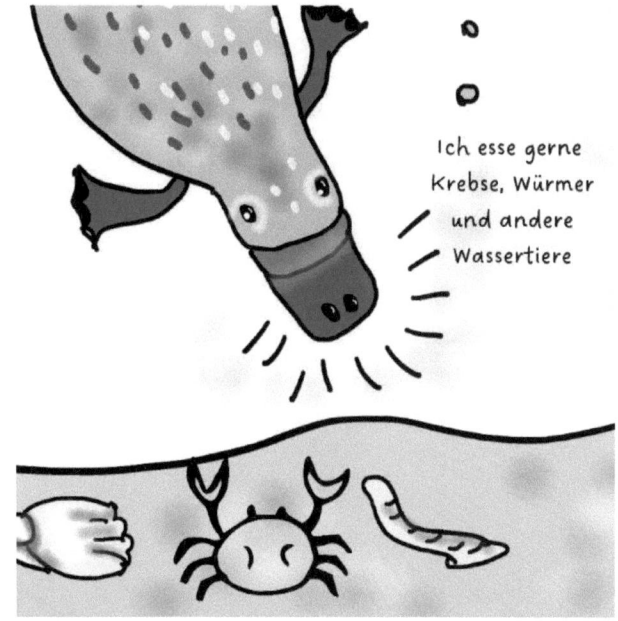

Ich esse gerne Krebse, Würmer und andere Wassertiere

s – wie schnell schwimmen (Wir Schnabeltiere schwimmen mit einer Geschwindigkeit von etwa **1 Meter pro Sekunde**)

Schwimmgeschwindigkeit 1m/s

doppelt so schnell wie lang

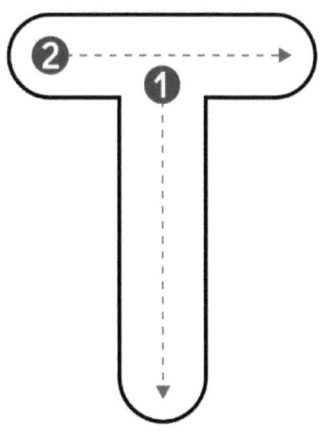

T – wie Tauchen

(Wir sind super Taucher und können minutenlang   unter Wasser bleiben.)

Tauchtiefe:
1-5 Meter

Tauchdauer:
30 Sekunden- 2 Minutens

schliesst
die Augen

Orientierung mit dem Schnabel

77

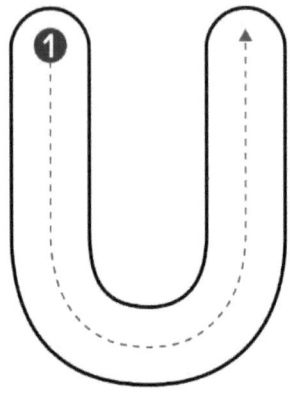

U – wie Ufer

(Wir leben an Fluss-

ufern in Australien.)

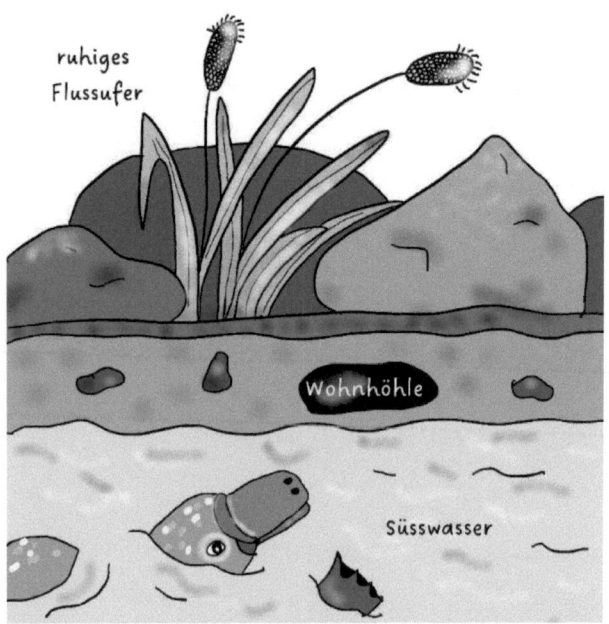

ruhiges
Flussufer

Wohnhöhle

Süsswasser

78

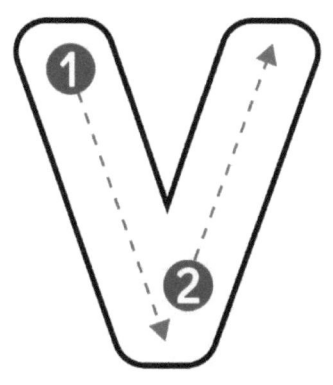

V – wie **Versteck**

(Unsere Höhlen sind
gut versteckt.)

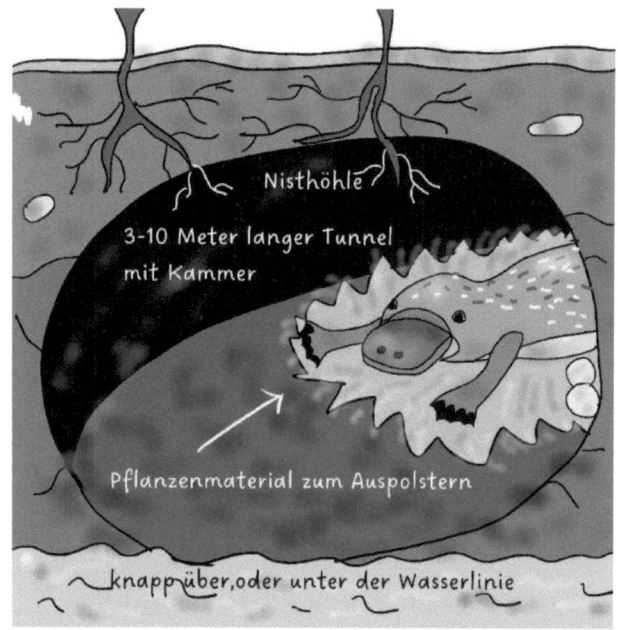

Nisthöhle

3-10 Meter langer Tunnel
mit Kammer

Pflanzenmaterial zum Auspolstern

knapp über,oder unter der Wasserlinie

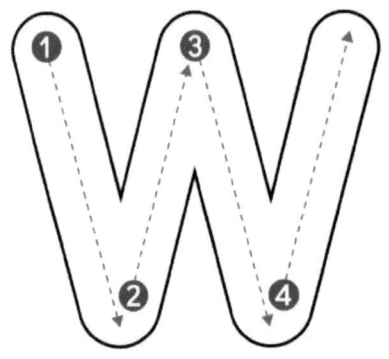

W - Watscheln

(wie eine Ente- an Land sind wir durch die Schwimmhäute an den Füßen etwas unbeholfen.)

Watschelgang

wackelt beim Gehen hin und her

kurze Beine

die Beine sitzen an der Seite des Körpers

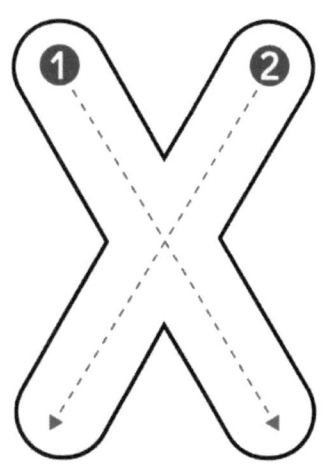

X - X-Faktor

(Wir Schnabeltiere sind

so einzigartig,

wie Fantasiewesen!)

81

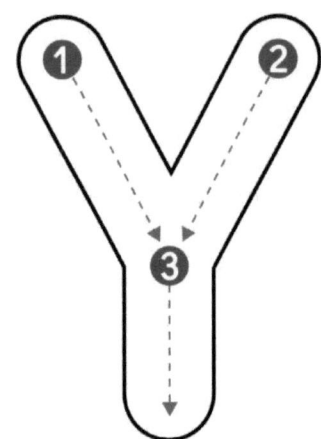

Y - Yippie!

(Schnabeltiere sind im
Wasser flink und aktiv.)

82

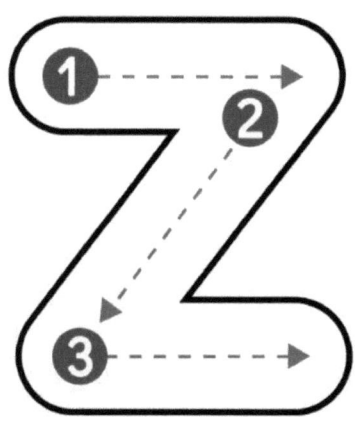

Z - wie zahnlos

(wir Schnabeltiere,

sind zahnlos, das ist

wirklich wahr!)

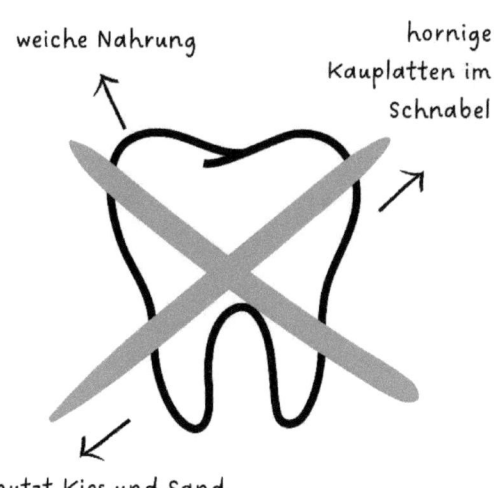

weiche Nahrung

hornige Kauplatten im Schnabel

benutzt Kies und Sand zum Zermahlen

Schnabeltier-Rätsel:

Frage 1: Wo leben Schnabeltiere?

- a) In Europa
- b) In Australien
- c) In Afrika
  (Richtige Antwort: b) In Australien)

Frage 2: Welches Körperteil sieht beim Schnabeltier aus wie bei einer Ente?

- a) Der Schwanz
- b) Der Schnabel
- c) Die Füße
  (Richtige Antwort: b) Der Schnabel)

Frage 3: Wie groß ist ein erwachsenes Schnabeltier ungefähr?

- a) So groß wie ein Hund
- b) So groß wie eine Katze
- c) So groß wie ein Kaninchen
  (Richtige Antwort: a) So groß wie ein Hund)

Frage 4: Was für ein Fell hat das Schnabeltier?

- a) Trocken und stachelig
- b) Glatt und wasserdicht
- c) Lang und zottelig
  (Richtige Antwort: b) Glatt und wasserdicht)

Frage 5: Wie heißt das Schnabeltier mit vollem Namen auf Lateinisch?

- a) Platypus Maximus
- b) Orni-thorhynchus anatinus
- c) Aqua Duckus
  (Richtige Antwort: b) Orni-thorhynchus anatinus)

Frage 6: Wozu benutzt das Schnabeltier seinen Schwanz?

- a) Zum Schwimmen
- b) Zum Speichern von Fett
- c) Zum Fliegen
  (Richtige Antwort: b) Zum Speichern von Fett)

Frage 7: Wie bewegen sich Schnabeltiere im Wasser fort?

- a) Mit den Beinen
- b) Mit den Schwimmhäuten an den Füßen
- c) Mit dem Schwanz
  (Richtige Antwort: b) Mit den Schwimmhäuten an den Füßen)

Frage 8: Was ist besonders an den Schnabeltier-Männchen?

- a) Sie legen Eier
- b) Sie haben Giftsporne
- c) Sie können sprechen
  (Richtige Antwort: b) Sie haben Giftsporne)

Frage 9: Was frisst ein Schnabeltier am liebsten?

- a) Gras

- b) Insekten und kleine Krebse

- c) Blätter
  (Richtige Antwort: b) Insekten und kleine Krebse)

Frage 10: Warum dachten Forscher früher, Schnabeltiere seien ein Scherz?

- a) Sie können sprechen

- b) Sie sehen wie eine Mischung aus verschiedenen Tieren aus

- c) Sie leuchten im Dunkeln
  (Richtige Antwort: b) Sie sehen wie eine Mischung aus verschiedenen Tieren aus)

Frage 11: Wo verbringt das Schnabeltier die meiste Zeit?

- a) Im Wasser
- b) Auf Bäumen
- c) In der Luft
  (Richtige Antwort: a) Im Wasser)

Frage 12: Womit graben Schnabeltiere ihre Höhlen?

- a) Mit ihren Schnäbeln
- b) Mit ihren Krallen
- c) Mit ihrem Schwanz
  (Richtige Antwort: b) Mit ihren Krallen)

Frage 13: Wie nennt man Tiere, die Eier legen und trotzdem Säugetiere sind?

- a) Säbeltiere
- b) Kloakentiere
- c) Flattertiere
  (Richtige Antwort: b) Kloakentiere)

Frage 14: Warum kann das Schnabeltier so gut unter Wasser jagen?

- a) Es hat eine Taschenlampe im Schnabel
- b) Es kann mit den Augen hören
- c) Es spürt die Bewegungen der Beute mit seinem Schnabel
  (Richtige Antwort: c) Es spürt die Bewegungen der Beute mit seinem Schnabel)

Frage 15: Wie lange bleiben Schnabeltier-babys bei ihrer Mutter?

- a) 1 Woche

- b) 4 Monate

- c) 1 Jahr
  (Richtige Antwort: b) 4 Monate)

Viel Spaß beim Rätseln! ✳

Finde die versteckten Schnabeltiere!

In diesem Bild haben sich 8 kleine Schnabeltiere versteckt. Kannst du sie alle finden?

Schnabeltier-Suchspiel

Wie kommt das Schnabeltier zu seinem Freund dem Ameisenigel?

Finde den Weg!

Welches Tier besucht das Schnabeltier heute?

Finde den Weg!

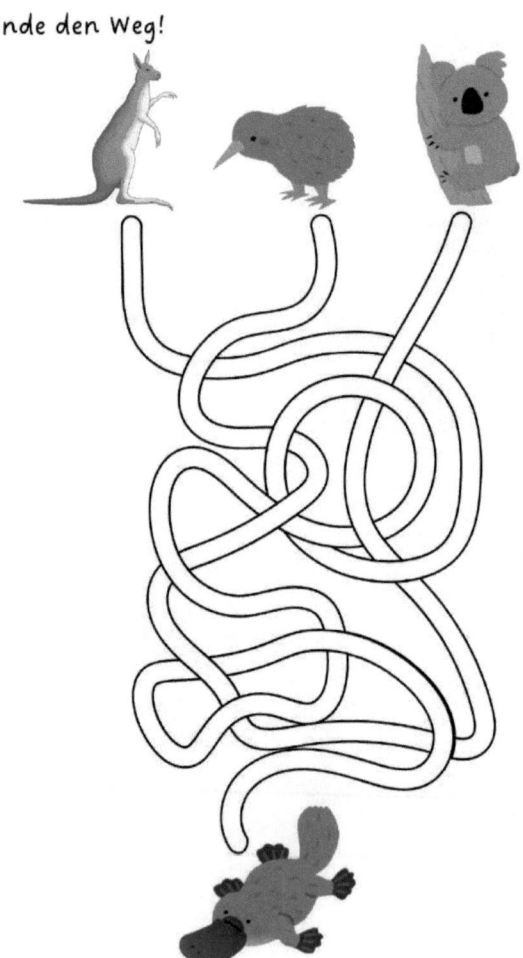

Wie kommt das Schnabeltier in seinen Bau?

Finde den Weg!

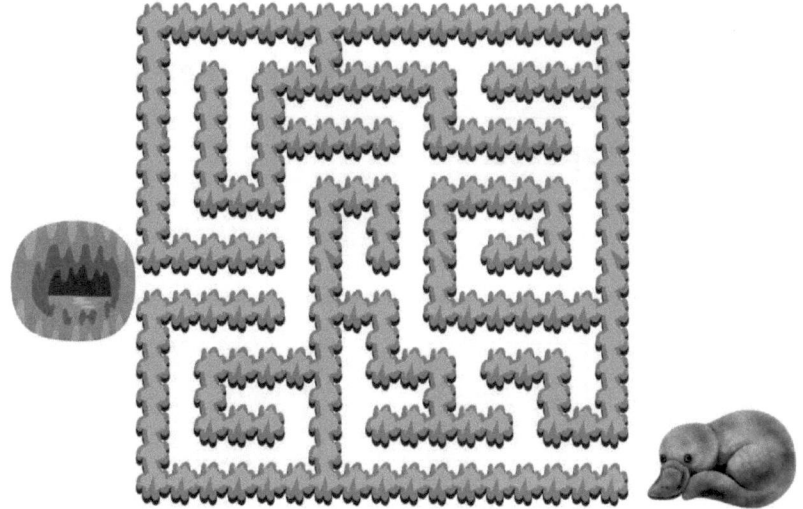

Schnabeltier-Puzzle

Oh je, jemand hat mich in Einzelteile zer-
legt. Kannst du mich wieder zusammen-
setzen?

Viel Spaß beim Rätseln, du kleiner Schna-
beltier-Experte!

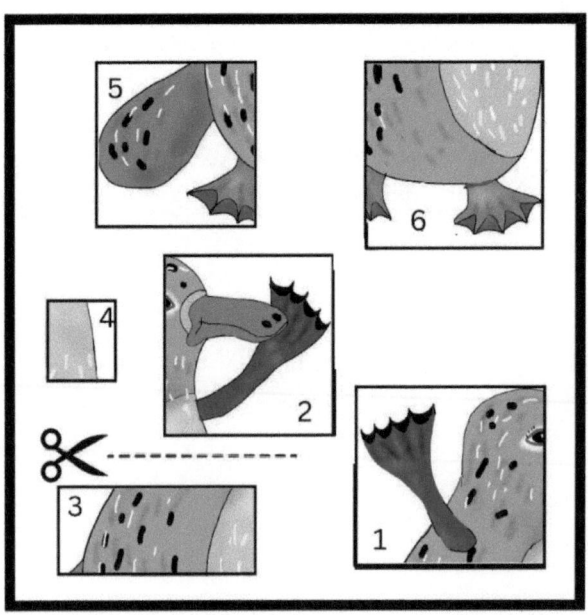

Wörterbuch für kleine Schnabeltierforscher

A

Ameisenigel:

Ein stacheliges Tier, das mit dem Schnabeltier verwandt ist. Es hat Stacheln wie ein Igel und frisst gerne Ameisen.

Australien:

Ein großes Land weit weg auf der anderen Seite der Welt. Nur dort leben Schnabeltiere in der Natur.

B

Bauchdecke:

Der Bauch einer Schnabeltiermutter. Hier kommt die Milch für die Babys heraus.

Biberschwanz:

Ein flacher, breiterer Schwanz wie beim Biber. Schnabeltiere haben so einen Schwanz, der ihnen beim Schwimmen hilft.

E

Eizahn:

Ein kleiner Zahn, den Schnabeltierbabys haben, um aus dem Ei zu schlüpfen. Danach fällt er wieder ab.

Eierlegen:

Wenn ein Tier Eier macht, aus denen später die Babys schlüpfen. Normalerweise machen die Vögel, aber Schnabeltiere können das auch!

Eierlegende Säugetiere:

Tiere, die Haare haben und ihre Babys mit Milch füttern, aber trotzdem Eier legen. Nur Schnabeltiere und Ameisenigel machen das.

Elektrische Signale:

Ganz kleine Blitze, die man nicht sehen kann. Alle Tiere machen diese kleinen Blitze, und Schnabeltiere können sie mit ihrem Schnabel spüren.

Entenschnabeltier:

Ein anderer Name für das Schnabeltier, weil sein Schnabel aussieht wie bei einer Ente.

F

Fossilien:

Versteinerte Überreste von Tieren, die vor sehr langer Zeit gelebt haben. Wie Dinosaurierknochen, nur von anderen Tieren.

G

Giftstachel/Giftsporn:

Ein spitzer Stachel am Hinterbein der männlichen Schnabeltiere. Er enthält Gift, mit dem sie sich verteidigen können.

K

King Island:

Eine kleine Insel in der Nähe von Australien, wo auch Schnabeltiere leben.

Klimawandel:

Wenn sich das Wetter auf der ganzen Welt langsam verändert und es immer wärmer wird.

Kloakentiere:

Der wissenschaftliche Name für Tiere wie Schnabeltiere und Ameisenigel, die Eier legen, obwohl sie Säugetiere sind.

Krallen:

Die scharfen „Fingernägel" an den Füßen der Tiere, mit denen sie graben oder klettern können.

L

Lateinisch:

Eine alte Sprache, die Wissenschaftler benutzen, um Tieren besondere Namen zu geben.

Lebensraum:

Der Ort, wo ein Tier wohnt, und alles findet, was es zum Leben braucht.

Lebensraumverlust:

Wenn der Ort, wo Tiere leben, zerstört wird und sie kein Zuhause mehr haben. 1

M

Milchzitzen:

Die kleinen Stellen am Bauch von Säugetieren, aus denen die Milch für die Babys kommt. Schnabeltiere haben keine richtigen Zitzen.

Monotremen:

Ein anderes wissenschaftliches Wort für eierlegende Säugetiere wie Schnabeltiere und Ameisenigel.

N

Naturforscher:

Menschen, die die Natur und Tiere erforschen und darüber lernen.

Neuguinea:

Eine große Insel in der Nähe von Australien, wo Ameisenigel leben.

O

Obdurodon:

Ein ausgestorbenes Schnabeltier, das vor langer Zeit gelebt hat. Es hatte noch Zähne, anders als die heutigen Schnabeltiere.

Ornithorhynchus anatinus:

Der lateinische Name für das Schnabeltier. Das ist wie sein vollständiger Name in der Wissenschaft.

P

Paarungszeit:

Die Zeit, in der Tiere sich treffen, um Babys zu bekommen.

Puggles:

Der spezielle Name für Schnabeltierbabys. Das klingt ein bisschen wie „kuscheln"!

Q

Queensland:

Ein Teil von Australien, wo viele Schnabeltiere leben.

S

Säugetiere:

Tiere, die Haare haben und ihre Babys mit Milch füttern. Menschen, Hunde und Katzen sind auch Säugetiere.

Stromlinienförmig:

So geformt, dass man gut durchs Wasser gleiten kann, ohne viel Widerstand zu spüren. Wie ein Rennwagen, nur für Tiere im Wasser.

T

Tasmanien:

Eine Insel südlich von Australien, wo auch Schnabeltiere leben.

U

Uferböschung:

Der Rand eines Flusses oder Sees, wo das Land schräg zum Wasser abfällt. Hier bauen Schnabeltiere ihre Höhlen.

W

Wasserabweisend:

Wenn Wasser abperlt und nicht ins Fell oder in den Stoff eindringt. Wie bei einer Regenjacke. Das Fell der Schnabeltiere ist wasserabweisend.

Wissenschaftlich:

Die Art, wie Forscher über Tiere und Pflanzen nachdenken und sie untersuchen.

Z

Zitzen:

Die kleinen Stellen bei Säugetieren, aus denen die Babys Milch trinken können. Normale Säugetiere haben sie, Schnabeltiere aber nicht.

Besonderes Schnabeltier-Verwandte

- **Kurzschnabel-Ameisenigel:**
  Ein Ameisenigel mit einem kurzen Schnabel.

- **Langschnabel-Ameisenigel:**
  Ein Ameisenigel mit einem langen Schnabel.

- **Westliche Langschnabel-Ameisenigel:**
  Ein Ameisenigel mit langem Schnabel, der im westlichen Teil von Neuguinea lebt.

- **Östliche Langschnabel-Ameisenigel:**
  Ein Ameisenigel mit langem Schnabel, der im östlichen Teil von Neuguinea lebt.

- **Sir-David-Langschnabel-Ameisenigel:**
  Ein besonderer Ameisenigel mit langem Schnabel, der nach einem berühmten Naturforscher benannt ist.

Mein Freund,
der Ameisenigel

Bereits erschienen:

Mein unglaubliches Ameisenbären Wissen:

Coole Fakten für pfiffige Forscher

ISBN-13: 979-8310805644

110